ATLAS
HISTORIQUE,
O U
COLLECTION
DE TABLEAUX

FORMANT LA CHAÎNE DES GRANDS ÉVÉNEMENTS QUI
ONT CARACTÉRISÉ CHAQUE SIECLE,

*Dessinés par les plus grands Maîtres de l'Académie, & gravés
par les meilleurs Artistes, à plusieurs Planches coloriées,*

AVEC DES TABLETTES HISTORIQUES ET POLITIQUES
SUR TOUS LES PEUPLES DU MONDE;

PROPOSÉ PAR SOUSCRIPTION,

AVEC L'APPROBATION DU GOUVERNEMENT;

ET DÉDIÉ AU ROI,

PAR M. PHILIPPE SERANE;

A PARIS,

M. DCC. LXXXIII.

Avec Approbation & Privilege du Roi.

4

ENTRE les deux Armées de Rome & d'Albe on voit le célebre combat des trois Horaces & des trois Curiaces leurs rivaux. D'un côté deux Horaces font étendus morts l'un fur l'autre; du côté oppofé on voit également deux Curiaces morts, mais à certaine diftance l'un de l'autre. Entre ces deux grouppes le troifieme Horace tenant par les cheveux le troifieme Curiace renverfé, tourne fes regards vers les Romains, & plonge l'épée dans le cœur de fon ennemi. Sur le devant Metius-Suffetius, Dictateur d'Albe, remet fon diadême à Tullus, Roi de Rome; celui-ci lui rend fa couronne, & l'embraffe amicalement, tandis que, au-deffus des deux Armées, la Politique réunit l'un & l'autre Peuple, en préfentant aux deux Armées des branches d'olivier & de laurier.

EXPLICATION DE *LA VIGNETTE.*

LA Politique couronnée d'un cafque furmonté d'un caméléon, & revêtue d'une robe mi-partie, dont un côté eft parfemé de fleurs & l'autre de ronces, avec une ceinture de rofes, fous laquelle on entrevoit des couleuvres & des poignards, lie enfemble les Faifceaux de Rome & l'Etendard d'Albe, avec un ruban, où l'on lit ces mots : *unam faciamus utramque gentem.*

TABLETTES
HISTORIQUES
ET POLITIQUES.

TRENTE - QUATRIEME SIECLE.

COMBAT DES HORACES ET DES CURIACES.

LE deuil, où la mort de Numa Pompilius sembloit avoir enseveli Rome &
l'Italie entiere, duroit encore, lorsque le Sénat & le Peuple Romain éleverent
sur le trône *Tullus-Hostilius*. Il descendoit de la fameuse Sabine *Hersilie*, qui
conseilla aux Dames de sa Nation d'aller se jeter entre les combattants, pour
réconcilier les Sabins & les Romains. Ce grand homme, digne de succéder à
ses prédécesseurs au trône de Rome, ouvre son regne par un trait de générosité,
qui non seulement devoit tarir les larmes de tous les yeux, mais qui ne pouvoit
manquer de lui gagner tous les cœurs & de lui assurer l'estime universelle.
Plus jaloux du bien-être de son Peuple que de ses plaisirs personnels, &
préférant les vertus sans ostentation à celles qui sont environnées d'un éclat
qui n'éblouit que les ames vulgaires, il jette un coup-d'œil sur le riche Domaine
qui servoit depuis long temps à la magnificence des Rois ; &, par une générosité
que tous les siecles ont admirée, & que le nôtre a vu imiter si avantageusement
par un jeune Prince, qu'on ne peut nommer qu'avec l'émotion la plus délicieuse,
il fait distribuer les biens de ce vaste Domaine aux Citoyens qui n'avoient

point de fonds de terre, & met le comble à ce bienfait, en déclarant publiquement qu'on devoit lui tenir peu de compte de ce facrifice : *mon patrimoine*, dit-il, *eft plus que fuffifant pour fournir à mes dépenfes.*

Quelque glorieux que fût un pareil commencement, ce n'étoit pas fur des actions de cette nature que Tullus vouloit bâtir l'édifice de fa gloire. Plein d'un courage martial, auquel les victoires de fes ancêtres, fa conftitution robufte & la vigueur de l'âge, donnoient une nouvelle énergie, il penfoit à tirer les Romains de cet ignoble loifir où ils languiffoient depuis la mort de leur Fondateur. Il verfa fes fentiments dans les cœurs de fes Courtifans, & ceux-ci, fuivant le fyftême de toutes les Cours, répandirent promptement ce nouveau levain dans tous les efprits. On fe rappella la gloire des Triomphes de Rome naiffante, & les riches dépouilles qu'on remportoit fur les Peuples vaincus. On ne parla plus que de la gloire des armes, du plaifir de faire trembler les Nations voifines, de la néceffité de s'aggrandir fans ceffe, & des prédictions de Romulus, qui affuroient à fon Peuple l'Empire de l'Univers.

A des bruits fi flatteurs pour des efprits naturellement portés à la guerre, les Romains crurent fortir une feconde fois du néant, & fe reprocherent d'avoir donné trop de larmes à la mort de Numa. Il eft vrai que ce Prince n'étoit pas partifan de la guerre : encore deux grands hommes de fon caractere fur le Trône de Rome, & les Romains n'euffent été qu'un petit Peuple d'Italie, la Politique de Romulus eût été perdue, & mille faits d'une valeur héroïque n'auroient pas exifté. Mais auffi l'Univers eût été moins ébranlé, cent Peuples n'auroient pas fubi un joug étranger, & la moitié du globe n'eût pas été inondée de fang humain. Or il n'eft pas aifé de prouver que l'Univers auroit perdu au change. Les Politiques, toujours adulateurs des Grands, ne manquent pas, pour juftifier le penchant des Rois pour la guerre, d'employer les lieux communs les plus féduifants. Il s'en eft trouvé même dans ces derniers fiecles qui ont ofé avancer que la guerre eft un *bien. Elle purge*, difent-ils, *les Etats d'une infinité de libertins & de gens à charge à la fociété.* Cela eft vrai, mais auffi elle les prive d'un grand nombre de Citoyens utiles. On peut corriger le libertin, lier les bras au méchant, forcer le pareffeux au travail ; mais qui peut réparer la perte d'un vrai Citoyen ? Mettez dans la balance une bataille gagnée & un bon Citoyen perdu, & foyez inconfolables, ou avouez que vous ne connoiffez pas le prix d'un homme vertueux. Mais que faire de tant d'hommes, qui, fans la guerre, couvriroient la face du globe ? Politiques infenfés ! quoi ! vous ne favez pas encore ce qu'on fait des hommes, & vous ofez vous dire hommes vous-mêmes ! vous ofez les juger & vous croire en droit de les gouverner ! Allez, fublimes Philofophes, faire cette demande dans les campagnes en friche faute de Cultivateurs, allez dans les Atteliers des Artifans enfevelis dans le filence de l'inaction ; interrogez cent mille veuves défolées & ruinées avec leurs familles infortunées, elles vous répondront : Et n'ajoutez pas que la terre fuffiroit à peine à nourrir cette immenfe population. Ce n'eft pas la quantité de bouches que la terre craint, mais le défaut

de

de bras; elle fera toujours plus féconde à proportion que nous ferons plus laborieux.

LA guerre eſt un mal : il faut être forcené pour ſoutenir ſérieuſement le contraire; ce mal eſt grand; & pour le prouver, il n'eſt pas néceſſaire de glacer le ſang dans les veines de nos Lecteurs, en faiſant l'étalage des horreurs qui l'accompagnent, la preuve nous en eſt donnée par les Princes même qui ſe plaiſent le plus à ces jeux ſanglants, où les hommes ſont la ſeule monnoie qu'on joue, à ces cruels amuſements qui engloutiſſent la ſubſiſtance des Citoyens, & dépeuplent les Etats plus que la peſte & la famine. Liſez leurs manifeſtes, & vous ſerez convaincus. . . . .
. . . . . Si les Princes ne regardoient pas la guerre comme un fléau, s'occuperoient-ils ainſi de juſtifier les motifs qui leur mettent les armes à la main ? Mais tandis que chacun d'eux couvre ſes entrepriſes militaires du voile ſacré de la juſtice, qui décidera lequel a raiſon ?

LA queſtion ſeroit réſolue ſi, parmi tous ces guerriers, il ſe trouvoit un Prince qui, ami de la paix & de la juſtice, ne prît les armes que pour ſoutenir les droits des Nations & de la nature, & pour rendre à tout l'Univers une liberté que nulle puiſſance n'avoit pu lui ôter, qui déclarât en même temps à la face de la terre qu'il n'aſpire à faire ni à garder pour lui aucune conquête; & qui tînt parole. Alors toutes les voix ne formeroient qu'un cri d'admiration, ou avoueroient unanimement qu'une telle guerre, en tariſſant la ſource d'une infinité de guerres, ne nous feroit acheter l'eſpoir d'un long repos, que par quelques efforts momentanés. Mais ces grands exemples ſont trop rares pour tirer à conſéquence, & il n'en eſt pas moins vrai qu'en général la guerre eſt un des plus grands fléaux, & une ſource de regrets éternels pour les Princes qui l'entreprennent ſans une vraie néceſſité. C'eſt ce que ſentoit le Héros de Rome, & il le prouva, ſoit par ſa lenteur à demander raiſon à *Cluilius* des dévaſtations qu'il avoit fait faire ſur les terres des Romains, ſoit par le parti qu'il prit à la veille d'une bataille, qu'il deſiroit & par l'eſpoir aſſez fondé d'une victoire glorieuſe & par une inclination martiale née avec lui; mais aux horreurs de laquelle il préféra un combat particulier.

CLUILIUS, Dictateur d'Albe, étoit un de ces hommes ambitieux, qui prenant la fierté pour la grandeur, ne portent jamais aucun joug avec patience, & ne s'indignent pas moins des proſpérités de leurs voiſins que de leurs propres humiliations. Jaloux de la grandeur des Romains, il ordonna ſecrétement à des gens ſans aveu d'aller ravager leurs terres. Ceux-ci crierent à l'injuſtice, & ſe vengerent ſur les terres d'Albe. Cluilius, auſſi artificieux dans ſes diſcours qu'injuſte dans ſes procédés, perſuada aux Albains que cette repréſaille étoit une véritable inſulte, & qu'il falloit la laver dans le ſang. Pour couvrir cet attentat politique du voile de la juſtice, il engage la Ville d'Albe à députer des Ambaſſadeurs vers Rome, pour demander réparation de cette prétendue offenſe. Hoſtilius, auſſi prudent & auſſi politique que ſon ennemi étoit artificieux & rufé, reçoit ces Envoyés avec les démonftrations de la plus grande civilité ; & différant toujours de leur donner Audience fous divers prétextes, qui ne manquent jamais dans les Cours, il envoie fecrétement des Ambaffadeurs à la Ville d'Albe, avec ordre de fe plaindre de l'infraction de la paix & d'exiger une fatisfaction convenable. Ces Miniftres publics lui ayant rapporté la réponfe de Cluilius pleine de fiel & de hauteur, il donne Audience aux Albains, fe plaint de l'aigreur de la réponfe de leur Dictateur, & leur déclare que, puifqu'ils préferent la guerre à une fatisfaction qui lui eft due, ils doivent s'attendre à la voir commencer inceffamment, & s'imputer tous les malheurs qui en feront la fuite.

Les mutuelles déclarations de guerre ayant été faites, on fe mit de part & d'autre en campagne. Cluilius étoit campé à cinq milles de Rome, & fe difpofoit à combattre, lorfqu'un événement, dont on a toujours ignoré la caufe, mit fin à tous fes projets. On trouva ce Général mort dans fa Tente ; on fit des conjectures vagues fur cette mort inopinée : on fut long-temps indécis, & lorfqu'enfin l'étonnement & le trouble général eurent fait place à la raifon, on ne fongea plus qu'à réparer cette perte en créant un nouveau Dictateur. Le choix tomba fur *Metius-Suffetius*, & il parut d'abord digne de l'autorité fouveraine qu'on lui confioit, par le moyen qu'il propofa de terminer cette querelle. Ayant demandé une entrevue à Tullus-Hoftilius : « Je fais, lui dit-il,
» que *Cluilius* couvroit les vrais motifs de cette guerre du prétexte des torts
» qu'il prétendoit que nous avions reçus de Rome, & je n'ignore pas que vos
» prétentions font auffi les mêmes. Mais fi, au lieu de nous éblouir par de
» fpécieux prétextes, nous voulons rendre témoignage à la vérité, nous
» reconnoîtrons, ô Tullus ! que ce n'eft que l'ambition & l'envie de dominer
» qui arment l'un contre l'autre deux Peuples voifins & unis par les liens du
» fang. Voyez les *Etrufques* attentifs à nos mouvements, dévorer dans le
» cœur les débris de ces deux grandes Armées. Ces Peuples puiffants &
» ambitieux ne verront pas plutôt les vainqueurs & les vaincus affoiblis par
» leurs pertes mutuelles, & fatigués des bleffures & de la longueur du combat,
» qu'ils les attaqueront avec le plus grand avantage. Ne donnons pas, ô Tullus !
» ce plaifir à nos ennemis, & fi nous voulons abfolument difputer entre nous
» de l'Empire, choififfons un petit nombre de combattants, dont le fort
» décide de celui des deux Peuples ».

Cette propofition n'étoit pas du goût du Roi des Romains, mais elle étoit raifonnable & fage ; elle fut acceptée. Rome offrit pour combattants les trois fils *d'Horace*, & Albe préfenta de fon côté les trois freres *Curiaces*. Ces fix freres de part & d'autre étoient égaux en forces, en âge, en courage, & *Denis d'Halicarnaffe* ajoute qu'ils étoient jumeaux.

Les deux Peuples ayant convenu, par un Traité folemnel, que celui dont les trois Citoyens remporteroient la victoire, gouverneroit l'autre fous des

Loix équitables : ces six combattants , portant le courage & la fortune de
deux Peuples puiſſants , s'avancent entre les deux Armées, qui dans une
ſituation auſſi intéreſſante, dans un danger auſſi capital, attendent dans un
ſilence plein d'horreur & dans l'immobilité. de la mort , l'ouverture & le
dénouement d'un ſpectacle qui devoit décider de leur Empire ou de leur
ſervitude.

ON donne le ſignal. Les ſix jeunes héros, ſe regardant comme les Dieux
tutélaires de leur Patrie, ſe précipitent les uns ſur les autres & emploient
tout ce que la force, l'adreſſe & le courage peuvent donner d'avantages. Enfin
deux *Horaces* tombent morts : les trois Curiaces bleſſés environnent le troiſieme
Romain, & les deux Armées témoignent les ſentiments dont elles ſont pénétrées.
Celle d'Albe pouſſe des cris de joie, tandis que les Légions Romaines ſont
abattues par la conſternation. Une nouvelle ſcene fit bientôt naître de nouveaux
ſentiments. Le troiſieme Horace ſain & ſauf au milieu des trois Curiaces bleſſés,
trop foible contre ſes trois ennemis enſemble, mais plus fort que chacun
d'eux en particulier , prend conſeil de la circonſtance ; & , dévorant une infamie
momentanée, qui va le conduire à une gloire immortelle, il prend la ſuite, &
diviſe ſes ennemis, pour les combattre ſéparément.

DÉJA il étoit aſſez éloigné du lieu du combat, lorſque tournant la tête, il
voit les trois Curiaces à des diſtances inégales, courants après lui avec les forces
que leur laiſſoient le nombre & la grandeur de leurs bleſſures. Il fond ſur le
premier, l'attaque & le renverſe avec toute la vigueur & la promptitude
qu'exigeoit le danger. En vain l'Armée d'Albe crie au ſecond Curiace de
ſecourir ſon frere : il avoit à peine entendu leurs cris, que le *Héros Romain*,
vainqueur de ce premier ennemi, lui tombe ſur le corps & l'abat à ſes pieds.
Cette double victoire, moins longue à remporter qu'elle ne l'eſt à raconter,
fit dans les deux Armées une révolution qui ne peut être bien ſentie que par
ceux qui ont éprouvé le paſſage rapide des tranſports de la joie la mieux
fondée dans l'abîme de la plus grande déſolation, & le ſaiſiſſement d'un cœur
qui du déſeſpoir paſſe tout-à-coup à une certitude de ſuccès que tout ſembloit
rendre impoſſible.

TANDIS que l'Armée d'Albe , dans un ſtupide ſilence, contraſte avec
l'allégreſſe de l'Armée Romaine, Horace court au troiſieme Curiace , non
comme à une victoire aſſurée, car il ne pouvoit y avoir de combat dans une
telle inégalité de forces, mais comme à un ſacrifice qu'il va faire. Il ſaiſit
cette victime d'un bras vigoureux, & tournant ſes regards vers les Romains :
J'ai immolé, dit-il, *les deux premiers Curiaces aux mânes de mes freres, ô ma
Patrie ! reçois pour toi cette troiſieme victime.* Il dit : & , lui plongeant le
poignard dans le cœur, il met fin à ce grand différend & donne à Rome
l'Empire d'Albe.

METIUS, lié par un Traité qui le ſoumettoit aux Romains, ne chercha
pas à éluder par de vains ſubterfuges l'obligation qu'il avoit contractée ; mais ,

déposant devant Tullus l'orgueil de la Souveraineté, il lui remet le Diadême
& prend ses ordres. Celui-ci voulant se faire des amis plutôt que des sujets,
l'embrasse amicalement, le prie d'être après lui le premier des Romains, &
lui recommande de se tenir prêt à faire face aux Veïens.

Alors les deux Armées se retirent. Les Romains conduisant en triomphe
leur jeune Héros chargé des triples dépouilles de ses ennemis, chantent à
son honneur des louanges moins propres à l'enivrer d'orgueil & à exciter la
basse jalousie, qu'à l'encourager à de nouvelles victoires & à réveiller la plus
noble émulation dans tous les cœurs. Cette entrée triomphale eût été la plus
délicieuse de toutes les fêtes, sans un accident qui faillit à perdre l'objet & la
cause de l'allégresse publique. Horace avoit une sœur qu'on avoit promise en
mariage à l'un des trois Curiaces. Plongée dans la plus cruelle inquiétude,
elle éprouvoit en même temps les sentiments d'une crainte mêlée d'horreur, &
d'un espoir plus horrible encore à la nature. Elle passoit rapidement d'un excès
de trouble à un autre, par les rapports contradictoires qui arrivoient successivement
à Rome ; & qui, faisant d'abord triompher les Curiaces, racontoient ensuite
leur triple mort. Ne pouvant résister davantage à cette alternative de sentiments
que le sang & l'amour rendoient indécis, elle sort de Rome, vient au-devant
de son frere, & reconnoît parmi les trophées de sa victoire, une cotte-d'armes
qu'elle avoit tissue de ses mains, & dont elle avoit fait présent à son futur
époux. A cette vue elle s'abandonne à la fureur du désespoir, & vomit
contre son frere des imprécations qui glacent tous les cœurs d'effroi. Horace,
plus blâmable encore que sa sœur, au lieu de mépriser les transports d'une amante
insensée : *Va*, dit-il, *sœur dénaturée, va rejoindre l'idole de ton cœur. Qu'ainsi
périsse toute Romaine qui pleurera l'ennemi de Rome !* A ces mots, il lui plonge
l'épée dans le sein.

Un tel emportement jeta l'horreur dans le cœur du Roi, des Sénateurs &
du Peuple ; & malgré l'éclat de sa triple victoire, son action parut atroce à
tous les Romains. Le Roi ne voulant point se charger des suites d'une action
si odieuse, en laissa la connoissance aux *Duumvirs* qu'il nomma pour l'examiner.
Ces Juges, malgré toute leur envie de le sauver, ne s'aviserent pas de recourir
à ce nouveau moyen de justification que nous avons trouvé depuis quelques
siecles, & qui a sauvé la vie à tant de coupables : ils ne crurent pas
qu'un *premier mouvement* fût un mouvement innocent, dès qu'il produisoit
un crime, & ils le condamnerent à la mort. Déjà l'appareil du supplice étoit
prêt, les Licteurs alloient immoler cette victime, à laquelle Rome devoit sa
puissance. Tous les Romains, les yeux baissés & plongés dans un morne
silence, frémissoient dans l'attente de cette exécution, lorsque la mâle &
pathétique éloquence du pere de ce jeune Héros le sauva. Le Peuple, à qui,
par l'avis secret du Roi, il avoit appellé de la Sentence des *Duumvirs*, frappé
par la fermeté du fils & entraîné par l'éloquence du pere, crut devoir absoudre
un coupable à qui Rome devoit sa gloire & son salut. Mais, pour ne pas
laisser le crime entiérement impuni, le vieil Horace fut condamné à payer

une

une amende pécuniaire, à faire des sacrifices expiatoires & à voir son fils passer sous le joug , qui fut appellé la *solive de la sœur*. On le renouvelloit tous les ans , pour rappeller à jamais que les services les plus essentiels rendus à la Patrie, n'avoient pu justifier un premier mouvement de colere.

TANDIS que cette scene, si digne de fixer l'attention des siecles à venir , occupoit tous les yeux & tous les esprits à Rome , les Albains murmuroient chez eux contre Metius - Suffetius, auquel ils imputoient la honte de leur servitude ; & Suffetius , par la foiblesse qu'il eut de rougir de sa conduite, ternit la gloire immortelle qu'elle devoit lui assurer. En effet, si ce Général , ami de la gloire & de l'humanité, n'avoit proposé le combat de quelques particuliers, que pour épargner le sang humain, il auroit été plus grand & plus digne des hommages de l'Univers, que son vainqueur même. Je sais que la Politique dit hautement dans les Cabinets des Princes , que le véritable Art de la Guerre consiste à faire à son ennemi tout le malqu'on peut. Mais l'humanité dit plus haut encore, qu'après avoir employé tous les moyens d'empêcher son ennemi de nuire, il faut lui faire le moins de mal possible ; & tous les cœurs sensibles répondent à ce cri plein de justice, par des applaudissements plus justes encore. C'est ce qui paroissoit d'abord avoir été le principe du Dictateur d'Albe ; mais la suite de sa conduite prouva qu'il n'étoit qu'un perfide, & conséquemment un lâche. Les Fidenates balançant encore entre la révolte & la soumission au joug des Romains , Suffetius leur persuada de déclarer ouvertement la guerre , leur promettant de tourner ses forces contre les Romains dans la chaleur du combat. Ce qu'il promettoit avec tant d'ignominie , non seulement il eut la noirceur de le tenir ; il fit plus encore : par une double perfidie, il manqua aux Romains & aux ennemis qu'il leur avoit suscités.

TULLUS ayant appris les dispositions des Fidenates soutenus par les Veïens, n'attend pas qu'ils viennent l'attaquer dans son pays ; il passe le Téveron , & va joindre ses ennemis aux portes de leur Ville. Les Fidenates & leurs Alliés s'étant rangés en bataille, Tullus se mit à la tête de l'aîle gauche de son Armée , & Suffetius prit le commandement de l'aîle droite composée des Albains. Lorsque les deux Armées furent à portée du trait , les Albains conservant toujours l'ordre de bataille, gagnerent les montagnes & y demeurerent dans l'inaction , résolus de se ranger du parti que la fortune favoriseroit. Tandis que Tullus commençoit avec sa Cavalerie d'enfoncer l'ennemi, un Cavalier vint à toute bride lui annoncer la défection des Albains. Ce grand homme, digne de succéder au trône de Romulus, connu par sa présence d'esprit dans les occasions les plus périlleuses , fait dans l'instant le vœu secret d'élever des Temples à la *Pâleur* & à la *Crainte* ; & prenant une contenance assurée & tranquille : *Romains* , dit-il , *vous avez tort de vous allarmer ; c'est par mon ordre que les Albains gagnent les montagnes, pour attaquer en queue les Fidenates.* En même temps il ordonne aux Cavaliers d'élever leurs lances , & masque ainsi aux yeux de l'Infanterie la retraite de ses lâches Alliés.

C

Les Romains, reprenant courage à la voix de leur Roi, fondent avec la plus grande impétuofité fur les Fidenates, qui s'enfuient en défordre. Tullus, n'ayant alors à combattre que les Veïens, qui fe défendoient courageufement, fut fecouru par Suffetius & défit entiérement les Alliés des Fidenates. Non moins politique que brave, il cache fon reffentiment à *Suffetius*, qui le félicitoit fur l'heureux fuccès de cette journée ; mais auffi peu fait pour mériter des trahifons que pour les favorifer par l'impunité, il part de nuit avec fes plus fidelles amis & arrive à Rome avant minuit. Auffi-tôt il affemble les Sénateurs, leur raconte toute l'hiftoire de cette trahifon, leur fait part de fon plan de vengeance, & fe difpofe à l'exécuter. Ufant de la plus grande célérité, pour ne donner au lâche Suffetius aucune ombre de foupçon, il rentre dans le camp avant la pointe du jour, il ordonne à Horace de la part du *Sénat* d'aller rafer la Ville d'Albe, & convoque enfuite l'affemblée générale de l'Armée. L'ufage des Anciens ne permettant aux Militaires de porter les armes que lorfqu'il falloit combattre, les Romains, qui enveloppoient les Albains curieux d'entendre haranguer le Roi, avoient reçu un ordre fectet de tenir leurs épées cachées fous leurs habits. Tullus adreffant alors la parole à fes fidelles fujets, leur dit : « Romains, fi jamais la protection des Dieux s'eft rendue fenfible
» pour vous, & fi votre courage a jamais mérité des éloges, c'eft fur-tout
» dans l'action qui vient de fe paffer ; il vous a fallu vaincre non feulement
» des ennemis puiffants & nombreux, mais, ce qui eft bien plus redoutable
» encore, vous avez eu à combattre la perfidie de vos Alliés. Car ne croyez
» pas plus long temps que ce foit par mon ordre que les Albains ont gagné
» les montagnes : fi j'ai feint de l'avoir donné, c'étoit pour ne pas vous laiffer
» décourager par cette infâme défection, & pour jeter en même temps la
» terreur parmi les Fidenates, en leur montrant des ennemis prêts à les attaquer en
» queue. Du refte ce n'eft pas fur les Troupes d'Albe que nous devons faire
» tomber l'odieux d'une telle perfidie : elles ont rempli leur *devoir* en obéiffant
» à leur Chef. C'eft Metius qui a fufcité contre nous cette guerre, c'eft Metius
» qui a combiné le plan de cette trahifon, c'eft Metius qui a entraîné fes
» Troupes avec lui, & je confens que fon exemple trouve des imitateurs,
» fi je ne le punis d'une *maniere capable d'effrayer les perfides.*

» Généreux Albains, dignes d'un meilleur Chef que celui qui vous
» gouverne, c'eft pour votre bonheur & pour celui du Peuple Romain que nous
» avons réfolu de ne faire qu'une feule Ville de Rome & d'Albe, & de réunir
» à jamais l'un & l'autre Peuple : vos Citoyens jouiront chez nous du droit de
» Bourgeoifie, & vos Nobles feront reçus au nombre de nos Sénateurs ».

Ce difcours excita une commotion générale parmi les Albains ; mais voyant leur Général environné de Centurions armés, fe voyant eux-mêmes comme inveftis par les Légions Romaines, qui laifferent paroître leurs armes, tout le monde garda le filence ; & Tullus adreffant la parole à Suffetius : « fi vous
» étiez capable, lui dit-il, d'apprendre à garder les Traités, on pourroit vous
» laiffer la vie, dans l'efpoir de vous faire connoître le prix de la bonne foi ;

» mais comme vous êtes incapable de recevoir des leçons sur ce point essentiel
» à l'honneur, vous servirez vous-même de leçon au genre humain. Puisque
» dans la derniere action votre esprit est demeuré partagé entre Rome & ses
» ennemis, que votre corps soit de même divisé & déchiré en différentes
» parties ».

CETTE terrible Sentence fut aussi-tôt exécutée, & Metius fut écartelé au
milieu du camp par quatre chevaux. Ainsi périt dans l'infamie ce Général,
qui auroit joui d'une gloire immortelle, s'il avoit eu seulement les vertus d'un
honnête homme.

CETTE exécution affreuse, dans laquelle les Romains parurent être sourds
pour la premiere & la derniere fois à la voix de l'humanité, fut suivie d'une
autre moins révoltante pour les yeux, mais plus attendrissante peut-être pour
des cœurs sensibles. Horace ayant reçu dans la Ville d'Albe les Légions
Romaines, notifia aux Grands & au Peuple les ordres du Sénat, & leur
ordonna de vuider leurs maisons, de renoncer pour jamais à leur Patrie qui
alloit être rasée, & de prendre le chemin de Rome, qui leur ouvroit ses portes.
Cet ordre, semblable à un coup de foudre qui auroit frappé tous les Citoyens,
les rendit d'abord stupides & immobiles d'étonnement. Mais bientôt après, la
douleur s'ouvrant un passage, on entendit de toutes parts des cris lamentables,
qui, sans ébranler le Soldat Romain, ne faisoient qu'augmenter leur propre
désolation. On les voyoit tantôt s'entre-regarder mutuellement, & ne se parler
que par des sanglots; bientôt après, tombant sur le sein les uns des autres,
ils poussoient des cris étouffés. Les peres & les enfants, s'embrassant étroitement,
s'inondoient de larmes inutiles. Les uns, rentrant dans leurs appartements, les
parcouroient hors d'eux-mêmes, ne sachant ce qu'ils devoient laisser, ou ce
qu'ils pouvoient emporter; d'autres, immobiles à la porte de leurs maisons,
qu'ils ne pouvoient se résoudre à quitter, y paroissoient pétrifiés. Mais
lorsqu'enfin, pressés par les Soldats de sortir de la Ville, ils entendirent le
fracas des édifices qu'on renversoit, que des tourbillons épais de poussiere,
qui s'élevoient de tous côtés, ne leur laisserent plus aucun espoir, ils se
chargerent à la hâte de tout ce qui tomboit entre leurs mains, & prirent, avec
ces tristes débris de leur fortune, le chemin de Rome. Celle-ci les reçut avec
des témoignages de bonté capables de les consoler, si, dans de pareils désastres,
on étoit susceptible de consolation. Les Citoyens Romains traiterent ceux
d'Albe en véritables freres, & le Sénat reçut sa Noblesse dans son auguste
Corps. Ce fut alors que Tullus-Hostilius agrandit considérablement l'enceinte
de Rome, & y renferma le mont *Cœlius*. Il permit à tous les Albains & aux
Romains sans domicile de se bâtir des maisons dans ce nouveau quartier; &,
pour y attirer les Grands dont les besoins font le patrimoine des pauvres, il y
établit lui-même son palais & y entraîna toute la Cour.

TOUT étant ainsi terminé avec Albe, & Rome ayant doublé ses forces
par la réunion des deux Peuples, Tullus s'occupa de nouveaux moyens

d'agrandiſſement. Ayant à punir la révolte des Fidenates, que la fuite avoit
ſouſtraits à la vengeance, il marche vers eux à l'entrée du printemps ſuivant,
les bat ſans peine en plate campagne, les aſſiege enſuite dans leur Ville, &
les oblige de ſe rendre à diſcrétion.

DE cette expédition, qui ne fut qu'un amuſement pour ce Prince, il
marche contre les Sabins, les combat, les met en fuite, en fait un terrible
carnage, prend ſur eux de riches dépouilles, & revient en triomphe à Rome.
Il n'y reſta pas long-temps oiſif. Toujours occupé de ſon ſyſtême de domination,
il jette ſes regards ſur les Colonies des Latins, & penſe à ſe les aſſujettir. Ce
n'étoit pas la difficulté d'y réuſſir qui l'embarraſſoit, mais plutôt un motif qui
juſtifiât ſon entrepriſe : il ſe trouva bientôt ce motif; & ſes Courtiſans ne laiſſerent
pas à ſon ambition le temps de languir. Ils lui repréſenterent que les trente
Colonies des Latins étant dépendantes d'Albe, les Romains étoient entrés par
droit de conquête dans toutes les prérogatives de cette Ville ſouveraine, &
qu'ils jouiſſoient de tous les droits d'un Peuple incorporé à Rome. C'en fut
aſſez. Des Ambaſſadeurs furent envoyés à ces Colonies, pour les ſommer de
ſe ſoumettre à l'Empire Romain ; & leur refus fut ſuivi d'une guerre de cinq
ans. L'événement le plus mémorable dans cette guerre fut la priſe de *Medullie*,
ſeule Ville des Latins dont on fit le ſiege en regle.

TULLUS triomphoit par-tout, lorſqu'un ennemi plus redoutable que ceux
qu'il avoit eus à combattre juſqu'alors, vint dompter ce courage altier, &
qu'on croyoit invincible. La peſte ſe répandit dans Rome : Tullus eut beau
ſe roidir & montrer du courage, pour en inſpirer aux Romains, il eut beau
les inviter aux travaux violents & à l'exercice militaire ; attaqué lui-même
par ce terrible fléau, il changea bientôt de ton. Il tourna toutes ſes vues du
côté de la Religion, qu'il avoit juſqu'alors négligée, en quoi on ne ſauroit
ſe diſpenſer de le louer ; mais, par une bizarrerie ordinaire aux *eſprits-forts*,
il eut la foibleſſe de s'abandonner aux ſuperſtitions les plus inſenſées, qui le
rendirent ridicule, & ne le ſauverent pas. Il mourut vers la fin du trente-quatrième
ſiecle, frappé, diſent les uns, par la foudre que le Ciel irrité lança ſur lui
lorſqu'il tentoit une opération magique. Ce prétendu coup de foudre, diſent
d'autres, ne fut qu'un incendie ménagé par *Ancus-Martius*, qui, voyant que
ce Prince étoit déſormais inutile à la gloire de Rome, crut pouvoir aſpirer à
ſon trône, pour lequel il ne laiſſoit pas d'héritier.

NOTES

NOTES HISTORIQUES.

Hommes Illuftres.

Ce fiecle eft fécond en grands hommes fur prefque toutes les parties du globe : l'*Egypte*, la *Grece*, l'*Italie*, l'*Affyrie*, la *Médie*, la *Judée*, la *Lydie*, les marais même de la *Scythie* ont leurs *favants*, leurs *fages* & leurs *héros*.

L'Egypte vous offre un *Pfammitique*. Ce grand homme, inftruit de bonne heure par le meilleur de tous les maîtres, apprit dans le *malheur* à faire un jour des heureux. Fils de *Bocchoris*, tué par Sabacon, Roi d'Ethiopie, ce ne fut que par la fuite qu'il échappa au fort tragique de fon pere. Rappellé par fes concitoyens, après la retraite du Tyran, il fut du nombre des douze Seigneurs Egyptiens qui partagerent entr'eux l'autorité fuprême: Sa gloire ayant fait ombrage à fes colleges, il fut relégué dans des marais voifins de la mer, où il vécut en philofophe jufqu'à une defcente que les Grecs d'*Ionie* & de *Carie* firent dans fes Etats. Son efprit fouple & poli lui ayant bientôt gagné l'eftime & la confiance de ces ufurpateurs de fon patrimoine, il combattit à leur tête fes collegues, remporta fur eux une grande victoire près de Memphis, & récompenfa fes bienfaicteurs en bon & fage politique. Vainqueur de fes fujets, il voulut en être le bienfaicteur & le pere. En conféquence il ouvrit aux Grecs les portes de fes Etats, & y fit entrer avec eux la politeffe, les arts & le commerce ; il fit chercher les fources du Nil, écarta les *Scythes* de fes Etats, & mourut digne des larmes de fes fujets, en 3388.

Neehao II fon fils, jaloux de fa gloire, ne négligea rien pour fe rendre digne d'un tel pere, & il s'y prit bien. Perfuadé que le commerce eft une des principales fources de l'aifance publique, il entreprit de creufer un canal depuis le *Nil* jufqu'au golphe d'*Arabie* : ce travail immenfe ne l'auroit pas rebuté, fi l'humanité ne l'eut arrêté, à la vue du nombre prodigieux d'hommes qui périffoient dans cette entreprife. Pour confoler fes peuples de la fuppreffion de cet utile canal, il équipa plufieurs flottes pour découvrir la *Mer Rouge*, les *Mers Auftrales* & la *Méditerranée*, & y réuffit. Après

Événements remarquables.

L'Italie n'eft pas, dans ce fiecle, le feul théatre des grands événements.

L'Egypte, en *Afrique*, tombe, par la mort violente de fon Roi Bocchoris, de l'état *monarchique* dans l'arif-tocratie. Elle voit paffer rapidement l'autorité des douze Seigneurs Egyptiens auxquels elle avoit confié le pouvoir fouverain, & rentre dans l'état monarchique, fous Pfammitique, l'un de ces douze Seigneurs.

C'eft fous ce grand Prince que fes vaiffeaux découvrent la *Mer Rouge*, le paffage du *détroit de Gibraltar*, & la route des *Mers Auftrales*.

Après avoir confidérablement augmenté fon *commerce maritime*, elle fait redouter fes armes jufqu'au fond de l'Affyrie.

En *Afie*, la Médie s'affranchit du joug des Affyriens, & vit tranquille fous la protection des *loix* que lui donne fon Roi Déjocés. Elle bâtit la fuperbe ville d'*Ecbatane*, & l'environne de fept enceintes concentriques.

La Lydie s'accroît de plufieurs grandes Provinces fous fon Roi *Créfus*, dont les richeffes immenfes rendent fa Cour la plus brillante de l'univers.

Dans la *Judée*, vous voyez les conquêtes d'*Holopherne*, Général des armées de Nabuchodonozor, arrê-tées tout-à-coup par une femme. *Judith*, jeune & riche veuve de *Béthulie*, voyant fes concitoyens réduits à la derniere extrémité, s'éleve au-deffus des frayeurs de fon fexe, & entre dans le camp d'*Holopherne*, qui tenoit la ville affiégée. Ce guerrier l'ayant invitée à paffer la nuit avec lui, elle profita de fon fommeil pour lui couper la tête. Bientôt après la chafte *Sufanne*, accufée par deux infames vieillards, dont elle avoit méprifé la paffion & rejeté les offres féduifantes, eft con-

Arts & mœurs.

On voit fleurir dans ce fiecle l'*Aftronomie*, cet art fublime qui abaiffe la hauteur des Cieux, & foumet les aftres au calcul & au compas ; la *Poéfie*, qu'on a nommée le *langage des Dieux*, & qui n'eft que celui de l'*imagination* ; la *Mufique*, cette maîtreffe des mœurs, qui fait exalter, ou calmer à fon gré les paffions humaines ; la *Légiflation*, ce frein redoutable du vice ; la *Morale*, feule digne du nom fublime de *philofophie* ; la *Politique*, ou l'art de faire tourner les paffions des particuliers vers le bien général ; le *Commerce*, fource intariffable de richeffes ; & pour donner d'un feul mot une idée générale de l'efprit de ce fiecle, on voit régner en même temps tous les Arts avec celui de la guerre, qui eft prefque toujours leur deftructeur.

En Europe, vous voyez les *Lacédémoniens*, plus hommes que tous les autres peuples du monde, ne faire cas que de *la force du corps* & des *vertus du cœur*.

Les Athéniens, plus polis, mais moins finceres ; plus ingénieux, mais d'une

D

| *Hommes Illuſtres.* | *Evénements remarquables.* | *Arts & Mœurs.* |

avoir ouvert au commerce ces grandes voies de communication, il fit voir à l'univers que s'il préféroit ces travaux utiles à ceux de la guerre, ce n'étoit ni faute de courage, ni par ignorance dans l'art des combats.

Choqué de l'orgueil des Aſſyriens, vainqueurs de tous côtés, il s'avance vers l'Euphrate pour leur demander compte de leurs uſurpations, bat *Joſias*, Roi des Juifs, qui lui diſputoit le paſſage ſur ſes terres, & va ſe couvrir de gloire par ſes triomphes ſur les Aſſyriens.

En Europe, la *Grece* vous offre ſes *ſages*, au nombre de ſept, un *Solon*, ſage légiſlateur, & digne de gouverner non ſeulement Athênes, mais l'univers entier. Un *Bias*, célebre par quelques bons-mots & par des ſentences très-judicieuſes. Un *Chilon*, moins illuſtre par ſes écrits, que par l'intrépidité de ſon génie, qui ſe faiſoit redouter des Tyrans mêmes. Un *Thalès* qui, peu content des lumieres qu'il avoit acquiſes dans ſa patrie, alla les augmenter en Egypte, où il devint l'ami des Rois, le confident des ſages, & le précepteur de ſes propres maîtres. Un *Anaximandre*, bien plus digne par la découverte de l'*obliquité* de l'*écliptique*, par l'invention de la *ſphere*, image raccourcie de l'immenſité, & par ſes autres découvertes en Aſtronomie, d'être compté au nombre des ſept ſages, qu'un *Périandre* qui n'étoit qu'un monſtre qui inſulta à tous les droits de la nature & de l'honneur. Un *Pittacus* qui, élevé ſur le trône de *Mytilene*, par ſes concitoyens, s'y conduiſit en Philoſophe, gouverna ſes ſujets en pere, & ne leur donna d'autre chagrin que celui de leur rendre la liberté en abdiquant la Couronne.

Dans la *Paleſtine*, *Jérémie*, plein de l'eſprit de Dieu, prédit la priſe de Jéruſalem, d'un ſtyle ſi pathétique & ſi pénétrant, avec des couleurs ſi vraies & ſi naturelles, qu'on doute que le ſpectacle même de cette Ville priſe d'aſſaut, & des horreurs qui s'y commirent, ait été auſſi touchant que le tableau qu'en fait le Prophete dans ſes *Lamentations*.

Joſias, Rois des Juifs, eſt illuſtre parmi le peuple Juif, par le zele avec lequel il renverſa les autels des Idoles.

damnée ſur la dépoſition de ces deux ſuborneurs. Elle alloit périr, lorſqu'elle fut ſauvée par la ſageſſe d'un enfant: c'eſt Daniel, qui doit jouer un ſi grand rôle dans le ſiecle ſuivant.

En Europe, *la Grece*, dont les forces, l'adreſſe & le courage s'accroiſſent chaque jour par l'eſpoir des couronnes olympiques, pourroit aſpirer aux conquêtes; elle leur préfere la culture des Beaux-Arts.

Athênes, jalouſe à l'excès de ſa liberté, borne l'autorité de ſes *Archontes décennaux* à la durée d'une année.

Lacédémone, élevant ſes enfants dans une ſévérité dont la ſeule idée nous glace d'effroi, voit croître dans ſon ſein des hommes forts, robuſtes, courageux & capables d'envahir l'univers entier; mais elle n'a pas l'eſprit des conquêtes.

Mort ſinguliere de Dracon. Ce Citoyen extraordinaire, plus digne du nom d'honnête homme que de légiſlateur, après avoir impoſé la peine de mort indiſtinctement à toutes les fautes, parut un jour ſur le théatre d'Athênes; le peuple lui applaudit à tout rompre, & jeta ſur lui, ſelon la coutume du ſiecle, une ſi grande quantité de *bonnets* & de *robes*, qu'il fut étouffé ſous ces trophées de l'eſtime publique.

Solon, qui vient après lui, corrigea ſes loix de ſang, en proportionnant la peine au délit. Toute eſpece de faute trouva un frein ou un ſupplice dans ſon code. Il n'y eut que le *ſacrilege* & le *parricide* que ce grand homme paſſa ſous ſilence : le premier, parce qu'il étoit inconnu à Athênes; & le ſecond, parce qu'il croyoit l'homme incapable de le commettre. De toutes les loix qu'il fit pour ſa République, la plus ſage, à mon avis, eſt celle qui ordonnoit aux Juges *d'informer de la maniere dont chacun gagnoit ſa vie, & de punir ceux qui ne travailloient point.*

vertu moins auſtere; plus adroits, mais moins robuſtes, ont les mœurs les plus douces de l'univers.

Les *Romains*, capables de tout, ne s'occupent que de l'art de vaincre & d'avoir ſeuls l'exiſtence univerſelle.

EN AFRIQUE, les *Carthaginois* projettent un commerce immenſe, & aſpirent à la conquête de toutes les richeſſes, que leur diſputent les *Tyriens* leurs émules.

EN ASIE, les *Aſſyriens*, plus fiers que puiſſants, plus orgueilleux qu'ambitieux, bouleverſent tout par des conquêtes qu'ils ne ſavent pas conſerver.

Les *Perſes* ſe diſpoſent, par la belle *éducation* qu'ils donnent à leur jeuneſſe, à devenir importants dans le ſiecle ſuivant.

Les *Scythes* commencent à rougir de leur barbarie.

Les ſeuls *Chinois*, tranquilles au milieu de ces grands mouvements, ne prennent aucune part à cette commotion univerſelle, leur Empire eſt pour eux l'univers entier.

Les Juifs n'ont de puiſſance & de ſuccès, ils n'éprouvent de revers & d'humiliations qu'en proportion de leur fidélité, ou de leur ingratitude envers la Divinité, dont la main ſe rend ſenſible ſur eux.

L. JORRY, Imprimeur-Libraire de MONSEIGNEUR LE DAUPHIN, rue de la Huchette.

O

ATLAS
HISTORIQUE

TOME PREMIER

ATLAS HISTORIQUE.

SIECLE DEUXIEME.

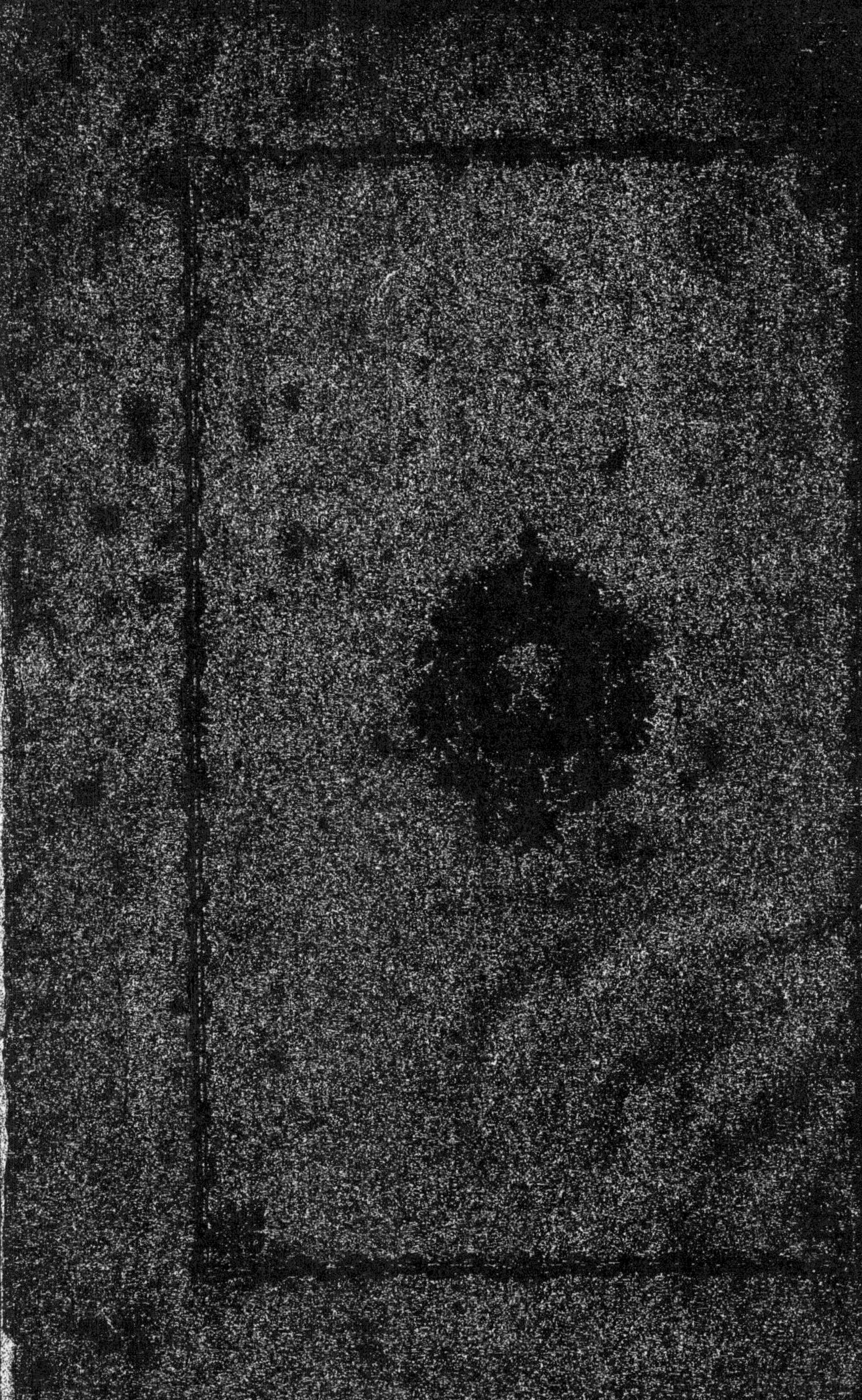